KU-725-336

Maalinbay eeydeedii ku tidhi, "Waa inaan soo eegaa inantaydii. Indinku halkan sii jooga intaan soo noqonayo." Alaabtii ayay xidhxidhatay, markaasay tagtay.

One day, she told her dogs, "It's time for me to visit my daughter. Stay here until I return." She packed her bag and went on her way.

Markay kayntii waxyar soo gashayba waxay lakulantay dawac.
"Buuri Buuri, waxaan rabaa inaan ku cuno," ayuu ku ciyay.

She hadn't gone far into the forest when she met a fox.
"Buri Buri, I want to eat you," he snarled.

Islaantii Buuri iyo Unuunkii

Waa Sheekoxariireed Hindi ah

Buri and the Marrow

An Indian Folk Tale

Retold by Henriette Barkow

Illustrated by Lizzie Finlay

Somali translation by Adam Jama

Mantra

Beribaa waxaa jirtay islaan gababowday. Waxaylahayd laba eey, Laaluu iyo Bahaluu. Inan qudha ayay dad lahayd, waxayna ku noolayd meel fog oo kaynta xaggeeda kale ah

Once, there was an old woman who lived with her two dogs, Lalu and Bhalu. Her only daughter lived on the other side of a forest, far away.

"Oh dawac, maxaad ku falaysaa islaan gabawday oo caato ah sidayda. Sug intaan inantaydii kasoo noqonaayo. Markaasaan soo naaxayaa oo qurux badnaanayaaye."
"Buuri Buuri, markaad soo noqoto ayaan ku cuni doona," ayuu ku ciyay dawacii.

"Oh fox, you don't want to eat a thin Buri like me. Wait until
I return from my daughter's, then I'll be nice and fat."
"Buri Buri, when you return, I shall eat you," snarled the fox.

Islaantii socdaalkii bay halkii ka wadday ilaa ay la kulantay shabeel.
"Buuri Buuri, waxaan rabaa inaan ku cuno," ayuu ku reemay.

The old woman continued her journey until she met a tiger.
"Buri Buri, I want to eat you," he growled.

"Oh shabeel, maxaad ku falaysaa islaan gabawday oo caato ah sidayda. Sug intaan inantaydii kasoo noqonaayo. Markaasaan soo naaxayaa oo soo qurux badnaanayaaye."
"Buuri Buuri, markaad soo noqoto ayaan ku cuni doonaa," ayuu ku reemay shabeelkii.

"Oh tiger, you don't want to eat a thin Buri like me. Wait until
I return from my daughter's, then I'll be nice and fat."
"Buri Buri, when you return, I shall eat you," growled the tiger.

Islaantii socodkii bay halkii ka wadday ilaa ay la kulantay libaax.
"Buuri Buuri, waxaan rabaa inaan ka cuno," ayuu ku jibaaday.

The old woman went on her way again until she met a lion.
"Buri Buri, I want to eat you," he roared.

"Oh libaax, maxaad ku falaysaa islaan gabawday oo caato ah, sidayda. Sug intaan inantaydii kasoo noqonaayo. Markaasaan soo naaxayaa oo soo qurux badnaanayaaye."
"Buuri Buuri, markaad soo noqoto ayaan ku cuni doonaa," ayuu ku jibaaday libaaxii.

"Oh lion, you don't want to eat a thin Buri like me. Wait until
I return from my daughter's, then I'll be nice and fat."
"Buri Buri, when you return, I shall eat you," roared the lion.

Waxay socotaba islaantii waxay soo gaadhay gurigii inanteeda.
"Oh Hooyo, safar xun baa igu dhacay. Ugu horrayn waxaa ihelay dawac, dabeedna shabeel kadibna libaax. Dhammaantood waxay sugayaan inay icunnaan."

At last, the old woman arrived at her daughter's house.
"Oh Daughter, what a terrible journey I've had. First I met a fox, and then a tiger and then a lion. They're all waiting to eat me."

"Ha werwerin Hooyo, wuxuun baynu samayndoonnaaye. Bal kaalay oo naso,
oo wax cun marka hore,"
ayay ku jawaabtay inantii.

"Don't worry Mother, we'll think of something. But first,
you must rest and have some food," answered her daughter.

Islaantii saddexbilood bay la joogtay inanteedii. Muddadaas oo dhan waxaa la siiyay cunto farabadan markaasay quruxbadnaatay oo sifiican u naaxday.

The old woman stayed with her daughter for three months. During that time, she was given so much to eat that she became nice and fat and round.

Waxaa la gaadhay waqtigii ay noqon lahayd, markaasay inanteedii waydiisay, 'Bal maxaan sameeyaa? Xayawaankii keynta joogay oo dhan baa sugaaya inay icunaane."

When it was time to go home, the old woman asked her daughter, "What shall I do? All the animals are waiting to eat me."

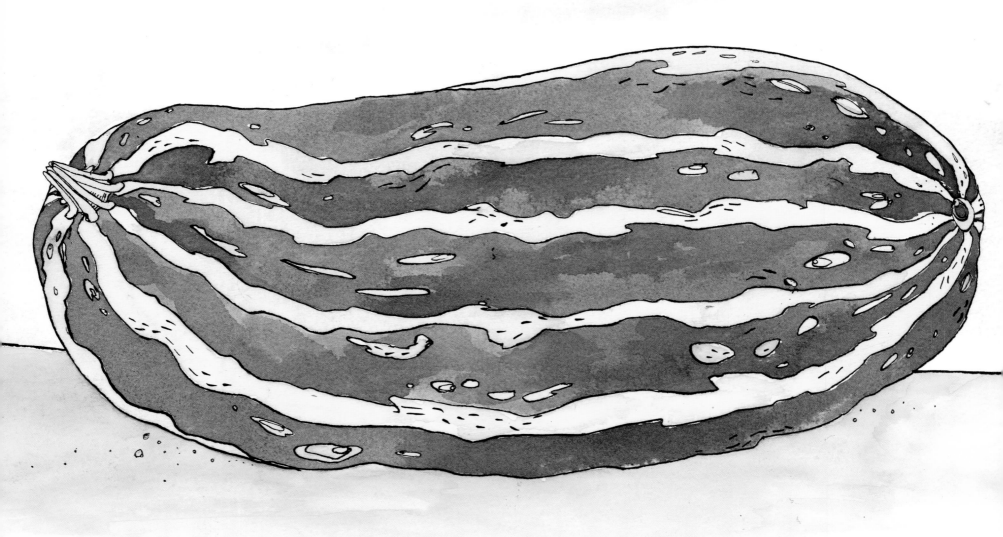

"Kaalay hooyo, anaa garanaya waxaad samaysee," inantii baa ku jawaabtay markaasay beerta u baxday. Waa kan, waxay soo goysay unuunkii ugu weynaa beerta, markaasay intay afka ka jartay ayay xorodday oo iniinyihii ka sooqubtay.

"Come Mother, I have a plan," answered the daughter, and went into the garden. There, she picked the largest marrow she could find, cut off the top and hollowed it out.

"Gudaha ugu dhac, intaan dulundulceeyo unuunka ayuu gurigaagii ku gayn doonaaye. Nabadgelyo Hooyo."

"Nabadgelyo Hooyo," ayay ku jawaabtay islaantii markaasay is dhunkadeen.

"Climb in. Then, I'll push the marrow, and it will roll you home. Goodbye Mother."
"Goodbye Daughter," answered the old woman, as they hugged each other.

Inantii ayaa unuunkii hilay ku dhufatay (xidhay) markaasay dulundulcaysay.
Intii uu unuunkii sii dulundulcoonayay, ayay islaantiina ku heesaysay

"Unuunyahow isrog oo isrog.

Waxaynu u dulundulcoonaynaa xaggii guriga eh."

The daughter sealed the marrow and gave it a push.
As it rolled along, Buri quietly sang:
"Marrow turning round and round.
We are rolling homeward bound."

Markii unuunkii gaadhay libaaxii ayuu jibaaday, "Unuun waad weyntahay oo biyo leedahay, laakiin waxaan sugayaa islaantaydii Buuri," markaasuu hore usii riixay. Intay sii dulundulcoonaysay, Buuri waxay ku heestay

"Unuunyahow isrog oo isrog.

Waxaynu u dulundulcoonaynaa xaggii guriga eh."

When it reached the lion, he roared, "Marrow you're big and juicy,
but I'm waiting for my Buri," and he gave it a push.
As she rolled along, Buri sang:
"Marrow turning round and round.
We are rolling homeward bound."

Markuu unuunkii gaadhay shabeelkii ayuu ku reemay, "Unuun waad weyntahay ay oo biyo leedahay, laakiin waxaan sugayaa islaantaydii Buuri," markaasuu hore usii riixay. Intuu unuunkii sii dulundulcoonayayna, Buuri waxay ku heesaysay

"Unuunyahow isrog oo isrog.

Waxaynu u dulundulcoonaynanaa xaggii guriga eh."

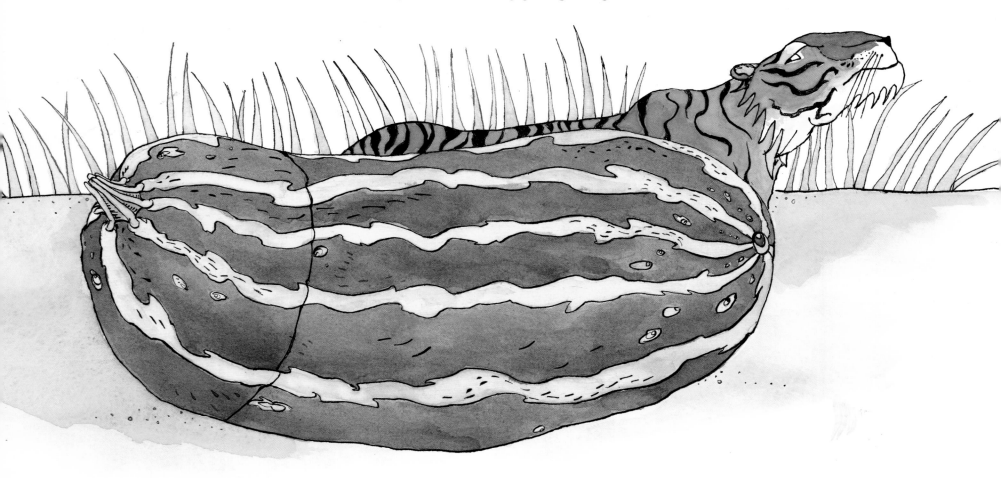

When it reached the tiger he growled, "Marrow you're big and juicy, but I'm waiting for my Buri," and he gave it a push.
And as the marrow rolled along, Buri sang:
    "Marrow turning round and round.
    We are rolling homeward bound."

Laakiin markuu dawacii gaadhay, ayuu eegay markaasuu ku ciyay, "Unuun waad weyntahay oo biyo leedahay, laakiin waan garanayaa inaad qarinayso islaantaydii Buuri."

But when it reached the fox, he looked at it and snarled, "Marrow you're big and juicy, but I know you're hiding my Buri."

Markaasaa dawacii kubooday unuunkii oo kala jaray. Wuxuu ka dhex helay islaantii. "Buuri, Buuri, iminkaan ku cunayaa," ayuu ku ciyay.

And the fox pounced onto the marrow and tore it apart. Inside, he found the old woman. "Buri Buri, I'm going to eat you now," he snarled.

"Oh dawac, intaadan icunin waxaan kaa codsanayaa inaad ii ogolaato inaan gurigaygii arko markale," islaantii baa bariday.
"Buuri, Buuri, waan kuu ogolaaday inaad gurigaagii aragto," ayuu yidhi.

"Oh fox, before you eat me, please let me see my home again," pleaded the old woman.
"Buri, Buri, I w i l l let you see your home," said the fox.

Markay gurigii islaanta gaadheen ayay qaylisay,
"Laaluu! Bahaluu! iga rida! iga rida!"
Labadii eey ee waawaynaa ayaa isasoo baacsaday
oo eryaday dawacii, markaasuu cararay oo cararay
illaa uu ka baxsaday.

When they reached the old woman's house, she screamed,
"Lalu! Bhalu! Save me! Save me!"
The two big dogs raced out and chased the fox, who ran and ran, until he got away.

Markuu istaagay ayuu neefsaday, "Buuri, Buuri, waad iga fiicnaatay.
Immika waxaa ii hadhay unuunkii inaan ku casheeyo."
Islaantiina weligeed dawacii dib uma dhibin.

When he stopped, he sighed, "Buri Buri, you got the better of me.
Now, all I have is marrow for my tea."
As for the old woman, she was never troubled by the fox again.

3 8002 00968 9185

For
Michael, who grew the marrow, and Mia.
Special thanks to Chabi Dutta whose telling of the story inspired this book.
H.B.

For
my mum and dad, with love.
L.F.

Buri and the Marrow is a Bengali folk tale. The word Buri means old woman in Bengali.

First published 2000 by Mantra Publishing Ltd
5 Alexandra Grove, London N12 8NU
http://www.mantrapublishing.com

Text Copyright © 2000 Henriette Barkow
Dual Language Text Copyright © 2000 Mantra Publishing
Illustrations Copyright © 2000 Lizzie Finlay

All rights reserved

Printed in Hong Kong